ESPINOSA

FUNDAÇÃO EDITORA DA UNESP

Presidente do Conselho Curador
Herman Jacobus Cornelis Voorwald

Diretor-Presidente
José Castilho Marques Neto

Editor-Executivo
Jézio Hernani Bomfim Gutierre

Conselho Editorial Acadêmico
Alberto Tsuyoshi Ikeda
Célia Aparecida Ferreira Tolentino
Eda Maria Góes
Elisabeth Criscuolo Urbinati
Ildeberto Muniz de Almeida
Luiz Gonzaga Marchezan
Nilson Ghirardello
Paulo César Corrêa Borges
Sérgio Vicente Motta
Vicente Pleitez

Editores-Assistentes
Anderson Nobara
Henrique Zanardi
Jorge Pereira Filho

Roger Scruton

ESPINOSA

Tradução
Angélica Elisabeth Könke

Copyright © 1998 by Roger Scruton
Título original em inglês: *Spinoza*, publicado
em 1998 pela Phoenix, uma divisão
da Orion Publishing Group Ltd.
Fundação Editora da Unesp (FEU)
Praça da Sé, 108
01001-900 – São Paulo – SP
Tel.: (0xx11) 3242-7171
Fax: (0xx11) 3242-7172
www.editoraunesp.com.br
www.livrariaunesp.com.br
feu@editora.unesp.br

Dados Internacionais de Catalogação na Publicação (CIP)
(Câmara Brasileira do Livro, SP, Brasil)

Scruton, Roger

Espinosa / Roger Scruton; tradução de Angélika Elisabeth Könke. – São Paulo: Editora UNESP, 2000. – (Coleção Grandes Filósofos)
Título original: Spinoza.
Bibliografia.

ISBN 85-7139-316-8

1. Ética 2. Espinosa, Benedictus de, 1632-1677 3. Espinosa, Benedictus de, 1632-1677 – Crítica e interpretação I. Título. II. Série.

00-2917   CDD-199.492

Índice para catálogo sistemático:
1. Filosofia holandesa   199.492
2. Filósofos holandeses: Biografia e obra   199.492

Editora afiliada:

VIDA E OBRA

Baruch de Espinosa (1632-1677) nasceu, viveu e morreu na Holanda, onde sua família, que era judia e procedente de Portugal, havia se refugiado da Inquisição. Educado na fé judaica, acabou sendo excomungado por causa das opiniões heréticas que adquiriu com o estudo da obra de Descartes (1596-1649), o fundador da filosofia moderna, que, apesar de ser francês, também passou a maior parte de sua vida criativa na Holanda. Graças a Descartes, aos cartesianos e à liberdade intelectual que prevaleceu na República Holandesa nos anos que se seguiram à bem-sucedida revolta contra a Espanha, a Holanda do século XVII foi, durante algumas preciosas décadas, um centro de vida intelectual e a primeira sede do Iluminismo.

A liberdade de pensamento se perde mais facilmente do que se ganha e, com a ascensão do calvinismo, o regime tolerante da República chegou ao fim. Em 1670, Espinosa publicou o *Tratado teológico-político* sem colocar o seu nome, mas a obra logo ficou conhecida como sua. Essa publicação defendia um governo secular, a soberania da lei e a liberdade de opinião, e era fartamente ilustrada com exemplos bíblicos que não escondiam a hostilidade do autor em relação ao governo dos sacerdotes e fariseus. O *Tratado* foi banido e seu autor, exilado de Amsterdã por um breve tempo.

Como reação a esse confronto com as autoridades, Espinosa passou a viver retirado, entre cristãos dissidentes. Continuou interessado em política, fazendo várias arriscadas incursões pela vida pública. Começou também a trabalhar em um segundo tratado político, que não chegou a concluir. Não publicou mais nada, porém sua obra-prima, *Ética*, a qual, antes de sua morte, circulou durante alguns anos entre ávidos estudantes, foi publicada postumamente, sendo prontamente banida.

Espinosa levou uma vida casta e estudiosa, tendo recusado a oferta de um professorado em Heidelberg e desenvolvido o seu pensamento em correspondências com outros escritores científicos e filosóficos. Seus interesses eram diversificados, abrangendo política, direito, estudos bíblicos e pintura, bem como matemática e ciências físicas. Realizou experimentos de óptica, tendo o polimento das lentes para esses experimentos talvez contribuído para enfraquecer a sua saúde, levando-o a morrer cedo, porém em paz. Era estimado por todos que o conheciam e amado por muitos. Escreveu, numa carta:

> No que está em mim, valorizo, acima de todas as coisas fora do meu controle, o amigável aperto de mãos entre homens amantes da verdade. Acredito que, dentre as coisas que estão fora do nosso controle, nada no mundo traga mais paz do que a possibilidade de um relacionamento afetuoso com tais homens. É impossível que o amor que temos por eles possa ser perturbado ... da mesma forma como é impossível que a verdade, uma vez percebida, possa não ser aceita.

Essa visão da amizade, aliada à busca da verdade, irradia em todos os escritos de Espinosa. Ele acreditava que a amizade e a busca da verdade contribuem para a nossa meta mais elevada: *o amor intellectuallis Dei*, o amor intelectual de Deus. A filosofia de Espinosa foi uma tentativa de reconciliar essa perspectiva, profundamente religiosa, com a visão científica do homem.

A ÉTICA

Espinosa escreveu em latim, adotando termos medievais e cartesianos, forjando o seu próprio estilo, esparso e desadornado, mas, ao mesmo tempo, solene e impositivo. Os aforismos ocasionais saltam da página com grande força, visto que emergem de argumentos apresentados com exatidão matemática. Só temos espaço aqui para analisar a maior obra de Espinosa, *Ética*, cujo conteúdo é de tal relevância intrínseca que, passados três séculos de sua publicação, os pensadores têm tanta razão para conhecer as suas principais concepções quanto as que viviam no tempo do autor.

A *Ética* se divide em cinco partes, cada uma configurada ao modo da geometria de Euclides, iniciando com as definições e os axiomas e deduzindo os teoremas, por demonstrações abstratas. Os axiomas são presumidos como autoevidentes [*self-evident*] e os teoremas, como deduções válidas. Assim, toda a filosofia não seria só meramente verdadeira, mas necessariamente verdadeira – como é necessariamente verdadeira a matemática. A improbabilidade disso não deve nos deter. Mesmo que as demonstrações não sejam firmes e os axiomas sejam obscuros, há um grande tesouro intelectual a ser tirado deles, e – julgado como um todo e da perspectiva de seu programa subjacente – a filosofia de Espinosa está mais perto da verdade que qualquer outra que tenha considerado as mesmas questões de difícil aprofundamento. São perguntas tão importantes para nós quanto o eram para Espinosa. A diferença é que nós raramente estamos conscientes delas. São elas:

1 Por que as coisas existem?
2 Como se compõe o mundo?

3 O que somos nós no esquema das coisas?
4 Somos livres?
5 Como devemos viver?

Nossa incapacidade atual para responder a essas perguntas explica nossa relutância em enfrentá-las, o que, por sua vez, explica nossa profunda desorientação. A chamada "condição pós-moderna" tão em voga é, na verdade, a condição das pessoas que se rendem às suas ansiedades fundamentais, achando mais fácil disfarçá-las. Elas não sabem mais por que e como ter esperança. Não há terapeuta melhor para essa condição que Espinosa, nem maior defensor da vida espiritual para aqueles que perderam o desejo de voltar a tê-la.

As cinco perguntas que listei são filosóficas; não podem ser respondidas pela observação e por experimentos, mas somente por meio do raciocínio. Os cosmologistas discutem sobre as "origens do Universo"; alguns defendem a teoria do *Big Bang*, outros, a da lenta condensação. Mas ambas as teorias deixam sem resposta uma questão crucial. Mesmo se chegamos à conclusão de que o Universo partiu do nada, num dado momento, há uma outra coisa que precisa ser explicada: quais eram as "condições iniciais" que então prevaleciam? No tempo zero, alguma coisa podia ser dita do Universo, ou seja, que *este* grande evento estava para existir e gerar efeitos de acordo com leis que nesse instante inicial já tinham lugar. E qual é a explicação para *isso*?

Essa é uma versão da primeira pergunta listada. Nenhuma teoria científica é capaz de respondê-la. Ora, se ela não tem resposta, então nada tem, realmente, uma explicação. Podemos descrever como funciona o Universo, mas não por que ele está aí. De fato, a existência de um universo que *funciona*, um universo que admite explicações científicas, é um mistério ainda maior que a existência de um caos a esmo. Que mãos ou olhos imortais puderam armar essa assustadora simetria? Ou isso simplesmente *aconteceu*? Nesse caso, como e por que isso aconteceu?

Espinosa viveu num tempo em que a ciência moderna começava a emergir do cenário das especulações teológicas. Foi um pensador científico consumado, que antecipou muitos aspectos da moderna física e cosmologia. Mas ele não admitiria uma cisão entre ciência e filosofia. Para ele, como para Descartes, a física tem por base a metafísica, e um cientista que ignora as questões fundamentais não sabe realmente o que está fazendo. Essas questões fundamentais não podem ser respondidas por meio de experimentos. É a razão, e não a experiência, que pode nos guiar para a realidade suprema. Por pensar assim, Espinosa é considerado um filósofo racionalista (e não empirista, isto é, que fundamenta todo o conhecimento na experiência). E por isso ele adotou o "método geométrico", pois a razão não conhece outro método. Todas as verdades da razão ou são autoevidentes ou são derivadas de verdades autoevidentes, por meio de cadeias de argumentos dedutivos.

A adoção do método geométrico faz que a filosofia de Espinosa, à primeira vista, pareça intoleravelmente austera. É comum que os filósofos partam de enigmas restritos e depois avancem, gradativamente, até chegar a um quadro abstrato da realidade. Descartes, a princípio, perguntou a si mesmo se existia alguma coisa da qual não pudesse duvidar, e foi construindo uma teoria metafísica que finalmente resolveria todas as suas dúvidas. Espinosa tem como ponto inicial o que para os outros pensadores era o ponto final, ou seja, os axiomas de uma teoria abstrata. Ele então *desce* por degraus à realidade humana e aos problemas que sua teoria se propõe resolver. Chegar a isso já é por si uma grande conquista; consegui-lo à maneira de Espinosa, que fornece soluções para as questões perenes, não está longe de ser um milagre.

DEUS

A primeira parte da *Ética* dedica-se às duas primeiras de nossas perguntas: Por que as coisas existem? e Como se compõe o mundo? Espinosa, como muitos de seus precursores, estava convencido de que o Universo não poderia ter uma explicação, a não ser que houvesse algo que fosse a *causa de si mesmo*, ou seja, cuja natureza fosse simplesmente existir. A explicação de uma tal coisa deve ser encontrada nela mesma: ela obrigatoriamente *tem* que existir, caso contrário, ela estaria violando a sua própria definição. Tal coisa que existe necessariamente e por sua natureza intrínseca chama-se tradicionalmente Deus, e a primeira parte da *Ética* tem justamente o título "De Deus". Aqui estão as definições, um pouco resumidas, com as quais ela começa:

D1: Por sua causa entendo aquilo cuja essência envolve a existência, *ou* aquilo cuja natureza não pode ser concebida senão como existente.

D2: Uma coisa diz-se finita em seu próprio gênero quando pode ser limitada por uma outra da mesma natureza.

D3: Por substância entendo o que é em si mesmo e o que é concebido por si mesmo, isto é, aquilo cujo conceito não requer o conceito de uma outra coisa, da qual tenha que ser formado.

D4: Por atributo eu entendo o que o intelecto percebe de uma substância, como constituindo a sua essência.

D5: Por modo eu entendo as modificações (*affectiones*) de uma substância, *ou* aquilo que é em outra e por meio da qual ele também é concebido.

D6: Por Deus eu entendo um ser absolutamente infinito, isto é, uma substância consistindo de uma infinidade de atributos, cada um dos quais expressando uma essência eterna e infinita.

D7: É chamada livre uma coisa que existe tão somente pela necessidade de sua natureza e é determinada a agir somente por si mesma. Mas é chamada de necessária, ou mesmo de coagida, uma coisa que é determinada por outra a existir e a produzir um efeito de maneira certa e determinada.

D8: Por eternidade eu entendo a existência em si, na medida em que ela é concebida como resultando necessariamente da definição de coisa eterna.

São raras as grandes obras de filosofia que se iniciam de maneira tão proibitiva. Boa parte da visão de mundo de Espinosa já se encontra sugerida nessas oito definições, e a dificuldade da *Ética*, em grande parte, consiste em conseguir decifrá-las.

A Definição 1 é tirada de Moisés Maimônidas, um pensador judeu do século XII que foi um dos que mais influenciaram a filosofia medieval. Conforme já disse, para Espinosa parecia que só poderia haver uma resposta para o enigma da existência se existisse um ser cuja natureza verdadeira é existir, um ser cuja existência seria autoexplicativa. Tal ente precisa ser autoproduzido [*self-produced*], ou seja, ser "causa de si mesmo". Daí a definição.

Do mesmo repertório de ideias teológicas vem a distinção de Espinosa entre finito e infinito. Coisas finitas, ele acredita, têm limites, seja no espaço, no tempo ou no pensamento. E uma coisa com limites é limitada por alguma outra coisa: sempre se pode conceber uma coisa maior ou mais duradoura. Nem tudo pode ser comparado com (e, portanto, limitado por) outras coisas. Um grande elefante não é maior ou menor que um grande pensamento. Em geral, coisas físicas (corpos) são limitadas por coisas físicas, e coisas mentais (ideias), por coisas mentais. Daí a expressão "finita em seu próprio gênero", na Definição 2.

A Definição 3 introduz o conceito básico da filosofia de Espinosa, do qual dependem os seus argumentos metafísicos. "Substância" era um termo filosófico corrente no século XVII, mas cada pensador utilizava-o à sua maneira. De acordo com Espinosa, a realidade se divide entre as coisas que dependem de outras coisas, ou são explicadas por estas, e aquelas que não dependem de nada senão de si mesmas. Assim, a criança provém de seus pais, que, por sua vez, provêm de seus pais, que, por sua vez... A cadeia da reprodução humana é uma cadeia de coisas dependentes. Não são substâncias, uma vez que, para formarmos um conceito verdadeiro de sua natureza (uma explicação sobre o que e por que elas são), nós precisamos concebê-las relativamente às suas causas. "Substância" é o termo que Espinosa reserva para as coisas nas quais todo o resto está inerente ou das quais depende. Substâncias são concebidas não por suas causas, mas por si mesmas. Seres que são "menores",[1] que são dependentes, são "modos" das substâncias. Na Definição 5, ele chama essas coisas "menores" de *"affectiones"*, termo latino que significa, *grosso modo*, "os modos pelos quais as substâncias são afetadas", como um pedaço de madeira é afetado ao ser pintado de vermelho ou como uma cadeira é afetada ao ser quebrada. (Se uma cadeira fosse uma substância, então o fato de estar quebrada seria um modo da cadeira. Mas já podemos ver que, por definição, nada tão singelo e contingente como uma cadeira poderia ser uma substância.)

A Definição 4 é controversa. Aqui se encontra, *grosso modo*, o que Espinosa tinha em mente. Quando compreendemos ou explicamos uma substância, é porque conhecemos a sua natureza essencial. Mas pode haver mais de uma maneira de "perceber" essa natureza essencial. Imagine duas pessoas, um oculista e um crítico de arte, olhando para um quadro pintado sobre uma tela. Você pede para que descrevam o que

---

1 Aspas minhas no termo "menores". (N. T.)

estão vendo. O oculista organiza o quadro em dois eixos e o descreve como segue: "Em $x = 4$ e $y = 5,2$, existe uma mancha amarelo-cromo; ela segue ao longo do eixo horizontal até $x = 5,1$, quando muda para azul da prússia". O crítico dirá: "É um homem de casaco amarelo, com uma expressão deprimida e olhos de aço azuis". Você pode imaginar que essas descrições sejam completas, tão completas que permitiriam a uma terceira pessoa reconstruir o quadro usando-as como um conjunto de instruções. No entanto, as duas descrições não têm absolutamente nada em comum. Uma é sobre cores dispostas em uma matriz, a outra sobre a cena que vemos nela. Você não pode passar de uma narrativa para outra e continuar sendo compreensível: o homem não está parado perto de uma mancha azul da prússia, mas perto da sombra de um carvalho. O azul da prússia não está situado próximo de uma manga de casaco, mas perto de uma mancha de amarelo-cromo. Em outras palavras, as duas descrições não podem ser comparadas, são incomparáveis: o fragmento de uma não pode aparecer no meio da outra sem que disso resulte um contrassenso. No entanto, nenhuma das descrições deixa de mencionar uma característica que esteja na outra. Isso é semelhante àquilo que Espinosa tinha em mente com o seu conceito de atributo: uma descrição completa de uma substância que não exclua outras descrições, que sejam incomparáveis, de uma e da mesma coisa.

A Definição 6 de Espinosa introduz o "Deus dos filósofos", o Deus familiar de inúmeras obras da teologia antiga e medieval, que se distingue de todas as coisas "menores" pela completude e plenitude de seu ser. Ele contém "uma infinidade de atributos"; em outras palavras, dele pode ser dada uma quantidade infinita de descrições, cada qual transmitindo uma essência infinita e eterna. A ideia do eterno é explicada na definição final, em que, numa frase adicional, Espinosa faz uma distinção entre a eternidade e a duração. Nada do que seja concebido no tempo pode ser eterno – no melhor dos casos ele persiste sem limites. A verdadeira eternidade é a eternidade dos objetos matemáticos, como os números, e das "verdades eternas" que os descrevem. Ser eterno é estar fora do tempo. Nessa acepção, todas as verdades necessárias são eternas, como o são as verdades da matemática. Quando a existência de alguma coisa é demonstrada por argumentos deduzidos de sua definição, então o resultado é uma verdade eterna. Deus é eterno exatamente nesse sentido.

A Definição 7 nos diz que coisas dependentes e determinadas não são livres na acepção própria da palavra. Somente coisas autodependentes [*self-dependent*], isto é, coisas que estão de acordo com a Definição 1 podem ser verdadeiramente livres.

Tendo nos dado essas definições, Espinosa passa aos axiomas, que são supostamente as premissas autoevidentes de sua filosofia. São eles:

A1: Tudo o que é, ou é em si, ou é em outro.

A2: O que não pode ser concebido por outra coisa tem que ser concebido por si mesmo.

A3: De uma dada causa determinada segue-se necessariamente o efeito; e, inversamente, se não houver uma causa determinada, é impossível seguir-se um efeito.

A4: O conhecimento de um efeito depende do conhecimento da causa e envolve-o.

A5: Coisas que não têm nada em comum entre si também não podem ser entendidas umas pelas outras, isto é, a concepção de uma não envolve a concepção da outra.

A6: Uma ideia verdadeira tem que estar de acordo com o seu objeto.

A7: Se uma coisa pode ser concebida como não existente, a sua essência não envolve existência.

Os axiomas são só um pouco menos proibitivos que as definições. Espinosa tinha consciência disso, e aconselhou os seus leitores a acompanhar o raciocínio de algumas das demonstrações, para que o significado e a verdade dos axiomas fossem gradualmente entendidos por eles. Não é o caso de negar a autoevidência dos axiomas, mas mostrar a dificuldade para atingir a perspectiva com base na qual surge a autoevidência. Isso é válido também para a geometria e a teoria do conjunto, em que os axiomas muitas vezes são menos claros que os teoremas.

De qualquer forma, os primeiros dois axiomas necessitam de elucidação. Para Espinosa, "B está *em* A" é o mesmo que dizer que A é a explicação de B. Nesse caso, B tem que ser considerado também como "concebido por" A, o que significa que nenhuma descrição adequada da natureza de B pode deixar de mencionar A (daí o Axioma 4). De fato, os dois primeiros axiomas dividem o mundo em dois gêneros de coisa. O primeiro são as coisas que são dependentes de outras (as suas causas) e que precisam ser concebidas por meio de suas causas. O segundo são as coisas que são autodependentes e são concebidas por si mesmas. Conforme deve ser óbvio, com base nas definições, essa é a distinção entre modos e substâncias.

Para entender completamente os axiomas, precisamos saber o que Espinosa deseja provar. A primeira parte da *Ética* consiste de 36 Proposições e suas demonstrações, bem como de extensas passagens de comentário. Elas constituem a argumentação para a visão de Espinosa de que existe uma e somente uma substância, e que esta única substância é Deus, portanto, infinito e eterno. Tudo o mais existe *em* Deus, isto é, é um modo de Deus e, como tal, é dependente Dele. A demonstração desta notável afirmação segue um modelo familiar desde a filosofia medieval: o modelo do "argumento ontológico" da existência de Deus, como Kant o chamaria mais tarde. Uma vez que Deus é definido como um ser com infinitos atributos, então nada existe que poderia limitar ou tirar a sua existência – em todos os aspectos, ele é sem limites. A não existência é uma carência, uma limitação, ela não pode ser predicado de Deus. Portanto, a essência de Deus envolve existência; ele é, pela Definição 1, "causa de si mesmo".

No entanto, conforme argumenta Espinosa, se entendermos corretamente esse argumento tradicional da existência de Deus, temos que ver que isto não só prova que Deus existe, mas também que Ele abarca todas as coisas, ou seja, nada pode existir ou ser concebido fora Dele. Se existe alguma coisa que não seja Deus, ela ou é *em* Deus e dependente Dele, e, nesse caso, ela não é uma substância, mas simplesmente um modo de Deus, ou então (Axioma 1) ela é fora de Deus. Nesse caso, existe alguma coisa que Deus não seja, algum aspecto em que Ele é limitado e, portanto, finito (Definição 2), o que é impossível (Definição 6). Dessa forma, existe no mundo somente uma substância, e essa substância é Deus.

Todas as coisas finitas seguem-se umas às outras, em uma cadeia infinita de causa e efeito, e cada uma é determinada a ser o que é pela causa que a produziu. Como coloca Espinosa:

> Proposição 29: Na natureza não há nada contingente, mas todas as coisas foram determinadas, a partir da necessidade da natureza divina, a existir e a produzir um efeito de uma certa maneira.

Essa substância única é ao mesmo tempo Deus e Natureza, podendo ser considerada não só criador livre, mas também autocriador (*Natura naturans*) e a soma de sua criação – a soma das coisas que são *em* Deus e que são concebidas por meio dele (*Natura naturata*). No sentido metafísico, somente Deus é livre (ver Definição 7). Daí se segue:

> Proposição 32: A vontade não pode ser chamada de causa livre, mas somente de causa necessária.

Disso tudo, segue-se que

> Proposição 33: As coisas não poderiam ter sido produzidas por Deus de outra maneira, e em outra ordem, da que foram produzidas.

Deus, a substância infinita que abarca todas as coisas, é o único ser livre no sentido definido na Parte 1 da *Ética*, uma vez que somente ele determina completamente a sua própria natureza. Todas as outras coisas estão ligadas na cadeia da causação, cujo último fundamento é Deus.

É fácil entender por que Espinosa foi considerado um herético tão perigoso. Ele se propôs provar a existência e a grandeza de Deus. Mas nas letras miúdas ele nos diz que Deus é idêntico à Natureza, e que nada no mundo é livre. Para o crente perplexo, que anseia por uma filosofia que ele possa contrapor à ciência moderna, isso é uma traição. A inexorável máquina da natureza é tudo o que existe, e nós somos escravos dela. E o fato de a natureza ser "causa de si mesma", ou seja, o fato de que ela existe por *necessidade* e não poderia ser de outra forma, somente aumenta o desastre.

ATRIBUTOS DE DEUS

Espinosa teria rejeitado tal interpretação de sua filosofia. Ela deixa de considerar uma de suas afirmações mais importantes e originais, qual seja, que Deus tem uma infinidade de atributos, dos quais somente um é estudado pela ciência física. Dois desses atributos nos são completamente familiares: o pensamento e a extensão. O termo "extensão", usado nas ciências à época de Espinosa, refere-se ao espaço e seus conteúdos; em outras palavras, ao mundo físico. A extensão é um atributo de Deus, tendo em vista que uma teoria completa do mundo físico (das coisas extensas) é uma teoria de tudo o que existe. Até esse ponto, a ciência moderna concordaria com Espinosa. Mas, enquanto a física, quando completa, é a verdade sobre o Todo, ela não é a verdade toda. Porque Deus pode ser concebido de outras maneiras. Por exemplo, ele pode ser entendido sob o atributo do pensamento. Isso significa que Deus é essencialmente uma coisa pensante, da mesma forma como ele é essencialmente uma coisa extensa. E ao estudarmos a natureza do pensamento, investigamos Deus como ele é em si mesmo, avançando em direção a uma completa teoria do mundo, justamente como quando estudamos a natureza da extensão.

Uma outra maneira de expressar esse ponto é dizer que tudo o que existe, todo e qualquer modo da substância divina, pode ser concebido de duas maneiras incomparáveis, ou seja, como físicas ou mentais. Em relação a mim, tenho uma noção do que isso significa, pois sei que tenho uma mente e um corpo; a primeira, composta de ideias (sendo "ideia" um termo geral para todas as entidades mentais), a segunda, composta de partículas no espaço. A sugestão de Espinosa é que a relação entre mente e corpo que percebo em mim mesmo é reduplicada por toda a natureza, isto é, tudo o que é físico tem o seu correlato mental.

Mas o que *é* a relação entre mente[2] e corpo? Esse problema vinha atormentando os filósofos desde tempos remotos e chegou ao auge na época de Espinosa, por influência de Descartes. Na visão desse filósofo, sou uma substância mental distinta do meu corpo, conectada a ele de maneira somente contingente. Em contrapartida, a Parte 2 da *Ética*, "Da Natureza e da Origem da Alma",[3] descreve a relação entre corpo e alma como uma relação de identidade:

> Parte 2, Proposição 21, escólio: A mente e o corpo são uma e a mesma coisa, a qual é concebida ora sob o atributo do pensamento ora sob o atributo da extensão.

Espinosa pensa que sua teoria dos atributos permite-lhe afirmar isso, pois implica não só que a substância única pode ser conhecida de duas maneiras, mas que essas mesmas duas maneiras de conhecimento também se aplicam aos modos. A mente é um modo finito da substância infinita, concebida como pensamento. O corpo é um modo finito da substância infinita, concebida como extensão. E uma outra maneira de dizer isso (Parte 2, Proposição 13) é afirmar que a mente é a "ideia" do corpo, ou seja, que os dois modos são de fato uma e mesma realidade, concebida de duas maneiras diferentes.

Essa é uma afirmação impressionante e tem muitas consequências surpreendentes. Para Espinosa, todo e qualquer objeto no mundo físico tem o seu correlato mental, com o qual ele é idêntico, da mesma maneira que a mente e o corpo são

---

2 No original, *"the relation between mind and body"*. Tradicionalmente, usa-se o binômio "corpo e alma". Em toda a tradução, mantive os termos como os usa o autor, ou seja, *mind* como mente, *soul* como alma. (N. T.)

3 Cf. Coleção "Os Pensadores", 1997, tradução de Joaquim Ferreira Gomes. (N. T.)

idênticos em mim. A ideia de todas as coisas físicas já existe; não necessariamente em alguma mente humana, mas na mente de Deus, que abarca o todo da realidade sob o atributo do pensamento. Além disso, não há nenhuma interação entre a mente e o corpo, apesar de sua identidade, pois a interação implica causa e efeito, e, no pensamento de Espinosa, A é a causa de B somente se B tiver que ser concebido *por meio* de A. Mas nada originado sob um atributo pode ser explicado como (ou seja, concebido por meio de) algo originado sob um outro atributo. O mundo pode ser uma só substância, mas não existe nenhuma única teoria de sua natureza, e, em particular, não há nenhuma maneira de reduzir o mental ao físico.

Essa teoria parece menos estranha se esquecermos o nosso próprio caso e olharmos para a mente dos outros. Imagine que eu veja John acenando freneticamente do outro lado de um campo. Pergunto a Helen, que está ao meu lado, por que John está acenando. Ela responde, "os impulsos elétricos de seu cérebro estão ativando os neurônios motores do braço, produzindo espasmos musculares de um tipo rítmico". Muito bem, isso é verdade. Mas não é essa resposta que eu queria. Volto-me para Jim e repito a pergunta. Jim responde: "Ele está tentando nos alertar sobre um perigo qualquer – talvez um touro". A resposta é mais pertinente, mas não é mais verdadeira que a outra.

Nesse exemplo, tanto Helen como Jim deram explicações verdadeiras sobre o que observamos. Mas uma se enquadra no âmbito físico, a outra no âmbito mental. Uma menciona processos dentro do corpo, a outra cita concepções na mente. Poderíamos dizer que uma dá as causas físicas da ação de John e a outra, as suas *razões* mentais. E eu me refiro mais prontamente à segunda explicação, pois ela me causa uma percepção do que John *está querendo dizer* – em outras palavras, do seu estado mental, que tem uma conexão direta com as minhas próprias intenções. Helen poderia ser a melhor neurofisiologista do mundo e dar uma explicação bem mais completa do aceno de John do que qualquer insinuação de Jim.

Mas provavelmente estaríamos mortos antes de terminar a explicação.

Além disso, as duas explicações não são comparáveis entre si. Você não pode somar fragmentos da descrição de Helen a fragmentos daquela de Jim e obter uma descrição completa, ou mesmo qualquer outra, do comportamento de John. Você tem que escolher uma ou outra rota de explicação para aquilo que você está vendo. E é isso o que Espinosa queria dizer ao afirmar que "o corpo não pode determinar a mente a pensar, nem a mente pode determinar o corpo a permanecer em movimento ou em repouso" (*Ética*, Parte 3, Proposição 2).

E quanto àqueles modos finitos – rochas e pedras e árvores, mesas e cadeiras, laudas e xícaras de café –, coisas que normalmente consideramos inanimadas? Espinosa diria que elas não são nem um pouco inanimadas, e que se eu as visse como Deus as vê, eu estaria tão ciente quanto ele de seus correlatos mentais, da mesma maneira como estou ciente da minha própria mente e suas ideias. Isso não é tão absurdo quanto possa soar. Considere o seguinte exemplo. Quando ouço música, ouço uma sequência de sons, que se distinguem pela sua agudeza, pelo seu timbre e pela duração, que são eventos no mundo físico. Um físico pode dar uma descrição completa desses sons como vibrações do ar e dizer exatamente o que eles são em relação a "movimento e repouso" (para usar a terminologia de Espinosa) das coisas no espaço. E é isso o que ouço quando escuto a música. Mas eu também ouço esses sons de uma outra maneira, uma maneira que não é captada pela descrição física. Ouço uma melodia, que começa na primeira nota, cresce por uma dimensão invisível e diminui novamente. Uma nota responde à outra nota nessa melodia, assim como um pensamento responde a outro pensamento na consciência. Um movimento musical continua pelo espaço musical, por meio da sequência, embora nenhum som se mova no espaço descrito pelo físico. Um crítico, ao descrever a música, está descrevendo os mesmos objetos que o físico que descreve os sons; no entanto, ele está interpretando-os no âmbito mental, vendo a *intenção* que anima a linha musical e leva a melodia até sua conclusão lógica. A música não é separada dos sons. Mais propriamente, ela *é* os sons, o que se entende pelas concepções que usamos quando descrevemos a vida mental das pessoas. E por isso, incidentemente, a música é tão importante para nós: ela fornece um repentino *insight* na alma do mundo. Esses raros vislumbres da alma das coisas torna-nos capaz de entender o que seria ver o mundo como Deus o vê, e conhecê-lo não somente como extensão, mas também como pensamento.

CONHECIMENTO E ERRO

Para entender o que Espinosa está tentando dizer, precisamos voltar para a sua teoria do conhecimento. Ela está contida na Parte 2 da *Ética*, Definição 4, que tem o seguinte teor:

> Por ideia adequada entendo uma ideia que, enquanto é considerada em si mesma, sem relação com um objeto, tem todas as propriedades ou marcas intrínsecas de uma ideia verdadeira.

E ele acrescenta, à guisa de explicação:

> Digo intrínsecas para que eu possa excluir aquilo que é extrínseco, isto é, a concordância da ideia com o seu objeto.

Essa marca extrínseca da verdade havia sido usada no Axioma 6, Parte 1, como definição da verdade. Cada ideia, entendida corretamente, está em correspondência exata com o seu objeto, uma vez que cada ideia nada mais é que uma concepção do seu objeto sob o atributo do pensamento. Consequentemente:

> Parte 2, Proposição 33: Não existe nada de positivo nas ideias que permita chamá-las de falsas.

No entanto, nem sempre alcançamos a relação entre uma ideia e o seu objeto. Na percepção sensível, e em outras formas de "imaginação", as nossas ideias seguem-se umas às outras de acordo com o ritmo do corpo, e não de acordo com sua lógica intrínseca, pois "a mente humana não percebe nenhum corpo externo como existente em ato, a não ser por meio de ideias de modificação de seu corpo" (Parte 2, Proposição 26). Espinosa dá um exemplo:

> Parte 2, Proposição 35, escólio: ... quando olhamos para o Sol, imaginamos que ele esteja a uma distância de apenas duzentos pés de nós. Este erro não consiste somente em tal imaginação, mas no fato de que, enquanto imaginamos isso, ignoramos a causa dessa imaginação ... nós não imaginamos o Sol como estando perto porque ignoramos a verdadeira distância, mas porque a modificação do nosso corpo envolve a essência do Sol, na medida em que o nosso corpo é afetado por ele.

A minha imagem do Sol é o correlato mental (a ideia) de um objeto físico. Mas este objeto não é o Sol; ele é uma modificação do meu corpo – um processo cerebral, talvez. Ao transferir a imagem ao Sol, eu caio em erro. E isso é um paradigma da falsidade, que consiste "numa privação do conhecimento, resultando de ideias inadequadas ou mutiladas e confusas" (Parte 2, Proposição 35).

Podemos obter conhecimento não somente por meio de ideias adequadas, isto é, ideias que garantem a sua própria verdade. A procura por tais ideias é a meta comum dos filósofos racionalistas; e a falha comum deles é que não explicam o que poderia ser uma marca "intrínseca" da verdade. A definição de Espinosa meramente substitui um termo misterioso ("adequado") por um outro ("intrínseco"), e é somente no curso de sua argumentação que podemos ter alguma compreensão do que ele quer dizer.

Espinosa, porém, tem um exemplo: a matemática. A proposição de que duas linhas retas num plano se encontram no máximo somente uma vez é um axioma da geometria euclidiana, e parece ser autoevidente. Sua verdade é visível, tão logo ele é compreendido. E quando estamos explicando uma demonstração matemática, vamos de proposição a proposição, procedendo por passos que podem ser reconhecidos como válidos por qualquer pessoa que os compreenda. Em uma demonstração assim, não só apreendemos a verdade das proposições envolvidas, mas também a sua necessidade. E o resultado é um paradigma do conhecimento "adequado".

Espinosa argumenta que Deus, por conter o todo da realidade, somente tem ideias adequadas, pois em Deus não há "privação" de conhecimento. Nós, no entanto, não somos tão afortunados. Precisamos nos esforçar para aperfeiçoar o nosso pensar, de modo a substituir as nossas percepções inadequadas e confusas (que, de acordo com Espinosa, se devem à "imaginação ou opinião") por noções mais adequadas da realidade. Voltando ao nosso exemplo: o Sol não pode ser conhecido adequadamente pelas modificações em nosso corpo, mas somente pela ciência, a qual procura fornecer uma ideia adequada do Sol. Esse gênero de ciência, que opera com a reflexão racional com base nos primeiros princípios, envolve ideias adequadas e "noções comuns". Uma noção comum é a ideia de alguma propriedade que é comum a todas as coisas, e "aquelas coisas que são comuns a todas as coisas e que estão igualmente numa parte e no todo somente podem ser concebidas adequadamente" (Parte 2, Proposição 38). Essas noções são comuns também em outro sentido, qual seja, que todos nós as possuímos, uma vez que todos nós participamos da natureza comum que elas expressam. Por exemplo, temos uma ideia adequada de extensão, já que extensão, que se estende por todas as coisas, também se estende por nós. E é por isso que podemos reconhecer os axiomas da geometria como autoevidentes.

Espinosa admite, ainda, um outro nível de conhecimento superior, ao qual ele chama de "intuição" (*scientia intuitiva*) (Parte 2, Proposição 40, escólio[4] 2). A intuição é a compreensão imediata da verdade, que se dá quando apreendemos a proposição e a sua demonstração em um único ato de atenção mental. Conforme ele explica, somente temos uma intuição quando raciocinamos tomando por base "uma ideia adequada

---

4 No texto de Scruton consta "note". (N. T.)

da essência formal de Deus"; em outras palavras, quando nós vemos uma relação exata entre uma coisa e a substância divina da qual ela depende.

Para Espinosa, portanto, existem três gêneros de entendimento: a imaginação ou opinião; a ciência racional que opera por meio de noções comuns e ideias adequadas; e a intuição. O entendimento do primeiro gênero "é a única causa de falsidade", ao passo que "o entendimento do segundo e do terceiro gêneros é necessariamente verdadeiro" (Parte 2, Proposição 41). Do nosso ponto de vista, portanto, a verdade de uma ideia é dada em seu encadeamento lógico no sistema de ideias adequadas, e não meramente na sua correspondência extrínseca ao seu objeto. O avanço do conhecimento consiste na constante substituição de nossas percepções confusas e inadequadas por ideias adequadas, até que, no limite, tudo o que pensarmos provirá de uma ideia adequada da essência de Deus.

A NATUREZA HUMANA

Na perspectiva puramente metafísica da Parte 1, a *Ética* de Espinosa parece deixar pouco espaço para o ser humano como parte distinta da criação de Deus. Seja como mente seja como corpo, não sou mais do que um modo finito da substância divina. Então, em que consiste a minha individualidade?

Apenas num sentido problemático é que se pode falar de Deus como de um indivíduo, como "um ou singular", pois um indivíduo é algo limitado e finito. Que lugar teria na filosofia de Espinosa algo assim, ou a distinção que fazemos normalmente entre um indivíduo e suas propriedades?

Considere a vermelhidão desse livro à minha frente. Na teoria de Espinosa, isso é um modo de Deus. Então por que deveríamos atribuir a vermelhidão ao *livro* e não a Deus, e por que nós relutamos em ver o livro como uma *propriedade* de Deus, da mesma maneira que a vermelhidão é uma propriedade do livro? Certamente porque nós vemos o livro como um indivíduo independente, e não simplesmente como um estado transitório da substância divina à qual ele é inerente.

Existe um sentido no qual os modos finitos, na visão de Espinosa, podem ser autodependentes, da mesma maneira que Deus é autodependente. Considere um boneco de neve. Ele se derrete, se fragmenta, é refeito e modificado, e não oferece nenhuma resistência. Não há nenhuma razão real pela qual nós deveríamos considerar tal coisa um indivíduo em seu próprio direito, em vez de um amontoado de neve, que por sua vez nada mais é que uma massa sólida de água. Como contraste, existem modos finitos resistentes a danos, fraturas ou fusão. Em alguns casos, eles se restauram quando feridos e se protegem quando ameaçados. Eles se esforçam, como coloca Espinosa, em persistir em seu próprio ser. Esse esforço (*conatus*) é o princípio causal em relação ao qual nós explicamos a persistência e as propriedades do objeto que o possui. Quanto mais *conatus* tem uma coisa, tanto mais ela é autodependente, tanto mais ela é "em" si mesma.

Os organismos são exemplos óbvios disso. Considere os animais: ao contrário das pedras, eles evitam ferimentos, protegem-se quando ele [*conatus*] está ameaçado e curam-se a si mesmos quando ele é ferido – a não ser que o ferimento seja tão sério que destrua inteiramente o seu *conatus*. Por esse motivo, nós atribuímos aos animais uma autodependência [*self-dependence*] e uma individualidade que raramente conferimos a coisas inanimadas. Isso é confirmado pela nossa maneira de descrevê-las. Uma pedra é um *pedaço* de pedra, um lago é uma *poça* de água, um boneco de neve é um *amontoado* de neve. Mas, até que esteja morto, um gato é um gato individual e não um pedaço de gato, e, quando morto, já não é mais gato coisa nenhuma, mas sim um pedaço de carne de gato. A individualidade e a autodependência de um gato, como as de um homem, são parte de sua *natureza*, e dividir um gato em dois é criar não duas metades de gato, mas dois pedaços inteiros de outra coisa. O gato esforça-se para persistir como *uma* coisa, e existe somente enquanto esse esforço é "garantido", conforme o termo de Espinosa. Pela Definição 2, da Parte 2, portanto, o *conatus* de uma coisa é também a sua essência:

> Parte 2, Definição 2: Pertence à essência de uma coisa aquilo que, quando garantido, necessariamente envolve a existência da coisa, e que, quando removido, necessariamente envolve a remoção da coisa; ou que, sem aquela coisa ... não pode nem existir nem ser concebido.

O esforço do corpo é também um esforço da mente. Concebido no âmbito mental, esse esforço é o que queremos dizer por vontade. Às vezes, referimo-nos tanto ao corpo quanto à mente ao descrever o *conatus* de uma criatura, e então falamos de "apetite"; às vezes – especialmente quando descrevemos pessoas – queremos enfatizar o elemento da consciência que leva as pessoas não somente a ter apetites, mas também a estar ciente deles: usamos então o termo "desejo" (*cupiditas*) (Parte 3, Proposição 9). Em todos os casos, no entanto, estamos nos referindo à mesma realidade: ao *conatus*, que faz que um organismo esteja separado de seu entorno, numa autodependência persistente e ativa.

Há verdade nessa visão de nossa condição, pois se olhamos para o mundo com os olhos desapaixonados da ciência, descobrimos nele muito poucos indivíduos genuínos. Sob o impacto da teoria científica, as coisas fragmentam-se na matéria da qual elas são compostas, que, por sua vez, se fragmenta em moléculas e átomos, e finalmente em energia distribuída no espaço e no tempo – o "movimento e repouso" que forma a base da física de Espinosa. Somente organismos parecem introduzir, em nosso mundo, algumas formas de individualidades duradouras e resistentes; e, dentre os organismos, somente aqueles com uma vida consciente e com autocompreensão [*self-understanding*] parecem comportar-se de maneira similar a Deus. A tais coisas atribuímos nomes próprios, uma identidade que atravessa os tempos e uma existência autodependente. E quanto maior o seu *conatus*, mais elas parecem similares a Deus, uma vez que a atividade pela qual elas se esforçam em persistir em seu ser pressiona-as a entender a sua condição e a tomar conta dela. Essa é a nossa natureza, e esse é o nosso lugar no esquema das coisas.

Estamos naturalmente propensos a nos enganar, pois "a mente humana, todas as vezes que ela percebe uma coisa na ordem comum da natureza, não tem um conhecimento adequado nem de si mesma, nem do seu corpo, nem dos corpos exteriores, mas somente um conhecimento confuso e mutilado" (Parte 2, Proposição 29). E dessas percepções confusas derivam muitas das nossas crenças ordinárias, incluindo a crença na vontade livre. Daí se segue:

Parte 2, Proposição 35, escólio: Os homens enganam-se quando se consideram livres, e esta opinião depende somente do seguinte: de que eles são conscientes de suas ações e ignorantes das causas pelas quais elas são determinadas. Esta, portanto, é a sua ideia de liberdade: que eles não conhecem as causas de suas ações. Porque quando eles dizem que as ações humanas dependem da vontade, essas são palavras das quais eles não têm nenhuma ideia, já que nenhum deles sabe o que é vontade e como ela move o corpo; aqueles que se vangloriam do contrário e inventam uma morada e habitáculos para a alma provocam ou riso ou desgosto.

Isso é forte e não almeja tornar Espinosa agradável aos seus devotos leitores. No entanto, é um resultado inevitável da teoria constante da Parte 1 e um resultado que confrontou Espinosa com o seu maior desafio como moralista: como reconstruir a vida moral sem que a noção popular de liberdade desempenhe nisso um papel. E já podemos entrever, em parte, a sua brilhante solução. A liberdade absoluta, definida na Parte 1, Definição 7, somente existe em Deus. Mas existe uma outra ideia de liberdade, uma ideia mais relativa, sugerida pela teoria do *conatus*. Embora somente Deus exista pela necessidade de sua própria natureza e tudo o mais dependa dele como sendo a causa que tudo abrange, os modos finitos podem conter, em maior ou menor grau, as causas de sua atividade e persistência *em* si mesmos. Embora toda causação deva ser reconduzida à essência divina, as cadeias que nos prendem podem ser ou externas, operando sobre nós desde o lado de fora, tal como as causas que afetam uma pedra, ou internas, operando dentro e através de nós, como as operações do desejo. E quanto maior o *conatus*, mais internas são as cadeias. Ao juntarmos as nossas cadeias em nós mesmos, tornando-nos conscientes de sua força sobre nós, também nos livramos delas, obtendo a única liberdade que nós podemos e devemos desejar.

Para entender essa engenhosa ideia, devemos retornar brevemente à teoria do conhecimento.

A PERSPECTIVA DO OLHO DE DEUS

Todas as ideias existem em Deus, como modificações de seu pensamento. Algumas ideias também existem na mente humana. Espinosa diz, portanto, que as nossas ideias existem em Deus *na medida em que* ele constitui a mente humana. Inversamente, uma vez que Deus tem conhecimento adequado de todas as coisas, as nossas próprias ideias são adequadas *na medida em que* nós participamos do intelecto infinito. Esse "na medida em que" é uma questão de graduação: quanto mais adequadas forem as minhas concepções, tanto mais eu alcanço, além da minha condição finita, a substância divina da qual eu sou um modo.

É somente como um modo de falar que podemos descrever Deus e seus atributos na perspectiva temporal. Deus é eterno, o que significa dizer (Parte 1, Definição 8) que Ele está fora do tempo e da mudança. Portanto, "as coisas são concebidas como atuais de duas maneiras: ou na medida em que elas existem com relação a um certo tempo e a certo lugar, ou tendo em vista que as concebemos como contidas em Deus e resultantes da necessidade da natureza divina" (Parte 5, Proposição 29, escólio). Passar da perspectiva divina para a humana é passar do atemporal para o temporal, e vice-versa. Embora as modificações de Deus sejam entendidas por nós como "duradouras" e como sucedendo-se umas às outras no tempo, essa permeação do nosso conhecimento pelo conceito do tempo só reflete a inadequação do nosso entendimento. Uma vez que concebemos as coisas adequadamente, nós as entendemos como fluindo da natureza eterna de Deus, mediante uma cadeia de explicações que é lógica em sua forma e, portanto, livre do domínio do tempo, da mesma maneira que as verdades da matemática.

Portanto, "está na natureza da razão perceber as coisas sob um certo aspecto da eternidade" (Parte 2, Proposição 44, corolário 2). Uma concepção adequada do mundo é uma concepção "sob o aspecto da eternidade" (*sub specie aeternitatis*); é assim que Deus vê o mundo (ao qual Ele é idêntico), e é desse modo que nós o vemos, *na medida em que* as nossas mentes participam da visão que é de Deus.

Espinosa explica que "a mente humana tem um conhecimento adequado da essência eterna e infinita de Deus" (Parte 2, Proposição 47), pois o que é a *Ética* senão uma demonstração da nossa capacidade de conhecer Deus como Ele essencialmente é e de saber que, além de Deus, não existe nada? Ao adquirir conhecimentos adequados, passamos a entender o que é divino e eterno. Por outro lado, nós entendemos a nossa própria natureza e identidade sob o aspecto do tempo – *sub specie durationis* –, pois é como modos persistentes e finitos que nós fruímos do *conatus*, o qual nos distingue do todo autossuficiente das coisas; e conhecer a *nós mesmos* como existências individuais é estar preso na concepção do tempo, o que leva ao conhecimento confuso e parcial. A condição humana é uma condição de conflito: a razão aspira pela totalidade eterna, ao passo que as necessidades da existência sensível nos vincula àquilo que é temporal e parcial. As outras três partes da *Ética* tratam de provar que a nossa salvação consiste em ver o mundo *sub specie aeternitatis*, como Deus o vê, e em ganhar, mediante isso, a liberdade da servidão do tempo.

AÇÃO E PAIXÃO

A Parte 3 da *Ética* lida com "a origem e a natureza das emoções". Espinosa começa declarando que ele pretende tratar desse tópico com o mesmo rigor geométrico que adotou na sua discussão sobre Deus e a mente:

> As emoções de ódio, cólera, inveja etc., consideradas em si mesmas, resultam da mesma necessidade e da mesma força da natureza como as outras coisas particulares. Por conseguinte, elas têm certas causas pelas quais são entendidas e têm certas propriedades tão dignas de serem estudadas quanto as propriedades de qualquer outra coisa cuja contemplação nos dá prazer. Portanto, vou tratar da natureza e da força das emoções, e do poder da mente sobre elas, com o mesmo método com que tratei de Deus e da mente nas partes precedentes, e considerarei as ações humanas e os apetites exatamente como se eu estivesse tratando de linhas, planos ou corpos.

O argumento parte de três definições:

Definição 1: Chamo causa adequada aquela cujo efeito pode ser percebido clara e distintamente por meio dela. Chamo causa inadequada ou parcial aquela cujo efeito não pode ser entendido por intermédio dela somente.

Definição 2: Digo que somos ativos quando em nós ou fora de nós ocorre algo de que somos a causa adequada ... Por outro lado, digo que somos passivos quando alguma coisa se produz em nós ... de que não somos senão a causa parcial.

Definição 3: Por emoção[5] (*affectus*) eu entendo as modificações do corpo, pelas quais a potência de agir desse corpo é aumentada ou

---

5 Scruton usou *"emotion"* e não *"affection"*, na citação. Mantive a correspondência de *"emotion"* como "emoção" em toda a tradução. (N. T.)

33

diminuída, favorecida ou entravada, assim como as ideias dessas modificações.

A primeira definição junta dois conceitos-chave: causa e ideia adequada. Para Espinosa, a causação é um outro nome para explicação; portanto, a relação entre causa e efeito é uma relação *intelectual*, tal como a relação entre premissa e conclusão numa demonstração matemática. A explicação perfeita (adequada) é também uma dedução. Em uma explicação assim, o conhecimento do efeito resulta do conhecimento da causa.

Espinosa define, então, ação e paixão: eu sou ativo em relação àquelas coisas que são completamente explicadas por minha própria natureza, e sou passivo em relação àquelas coisas que precisam ser explicadas por causas externas. Assim definidas, atividade e passividade são uma questão de grau.

A definição de emoção reflete a teoria de Espinosa sobre a relação entre a mente e o corpo. Uma emoção é uma condição corporal, e, ao mesmo tempo, a ideia dessa condição. É aquilo que acontece dentro de nós, quando a nossa atividade é aumentada ou diminuída – sendo a atividade ao mesmo tempo mental e física.

Partindo dessa ideia, Espinosa expõe a sua estranha e proibitiva teoria da vida moral – uma teoria que também contém algumas das máximas mais sábias já saídas da pena de um filósofo. Primeiramente, ele argumenta que a mente é ativa, uma vez que ela tenha ideias adequadas, e passiva, na medida em que ela tenha ideias inadequadas (Parte 3, Proposição 1). A distinção entre fazer coisas e sofrer coisas é uma distinção de grau, e, uma vez que somente Deus é a causa completa e originadora de todas as coisas, somente Ele age sem que Ele sofra a ação. Mas podemos assemelhar-nos mais a Deus se ascendermos pela escada do conhecimento, colocando, no lugar de nossas percepções confusas, ideias adequadas, que trazem entendimento e poder.

A concepção de Espinosa da atividade mental corresponde só remotamente à nossa noção usual de vontade e efetividade –

ideias que ele, de qualquer forma, descarta como confusas. Mas considere este exemplo: sou empurrado por trás e caio sobre os ovos que estava carregando, quebrando-os. Neste caso, não diríamos que fui eu quem quebrou os ovos, mas sim que os ovos foram quebrados como resultado de alguém que me empurrou. O efeito resultou de uma causa externa. Se, no entanto, eu decidir jogar os ovos no chão, sou eu a causa de sua destruição. E quanto mais deliberada for a minha decisão, mais responsável serei. A razão, a qual me dá uma clara concepção do que eu faço, faz que *eu* seja a causa disso. E é isso, em termos gerais, que Espinosa quer dizer por ação – um efeito que resulta de uma ideia que o concebe claramente.

É claro que no pensamento de Espinosa as ideias não têm efeitos físicos. Mas a cada ideia na mente corresponde uma modificação do corpo. Quando um efeito físico é descrito como uma ação, queremos dizer que a sua causa física é o correlato de uma ideia mais ou menos adequada. E quanto mais adequada é a ideia, mais a causa é interna ao agente – tanto mais ela pertence ao *conatus* que o define. Num sentido muito real, portanto, a adequação de ideias significa potência. A pessoa racional é aquela que sempre se esforça para aumentar essa potência, para mudar a paixão em ação e para assegurar a si mesma a alegria, a independência e a serenidade, que são as verdadeiras marcas da liberdade. Para alcançar tal condição, no entanto, é preciso aperfeiçoar as nossas emoções, ter domínio sobre aquilo em nossa natureza, que, caso contrário, isso nos dominará.

AS EMOÇÕES

As emoções resultam do aumento ou da diminuição da potência, e potência é perfeição. A alegria é a paixão com a qual nós avançamos para uma perfeição superior, a tristeza é a paixão com a qual nós descemos para uma inferior (Parte 3, Proposição 11). A nossa essência é o esforço (*conatus*) com o qual procuramos persistir em nosso próprio ser. Quando esse esforço está relacionado apenas à mente, é chamado de vontade; quando se refere tanto à mente quanto ao corpo, é chamado de apetite. O desejo é o apetite ao lado da consciência desse fato (Parte 3, Proposição 9). Assim, o desejo é a verdadeira essência do homem. Conforme os nossos desejos se cumprem ou são frustrados, experimentamos alegria ou tristeza. Mas, uma vez que os objetos do desejo são variados, são variadas também as ocasiões de sofrimento e alegria. Em sua descrição das emoções, Espinosa procura apresentar uma teoria sistemática dos desejos humanos para mostrar como as emoções surgem deles e para nos alertar contra as paixões que vão solapar a nossa potência. Esse tema é desenvolvido na Parte 3, em que ele descreve as variadas emoções, e na Parte 4 – "da servidão humana, ou do poder das emoções" –, na qual ele explora os caminhos que nós podemos tomar para a liberação.

Para Espinosa, a mente e o corpo movem-se em paralelo. Toda a mudança na potência corporal é também uma mudança na potência mental, e vice-versa.

Parte 3, Proposição 11: A ideia de qualquer coisa que aumenta ou diminui ajuda ou entrava a potência de agir do nosso corpo, aumenta ou diminui, ajuda ou entrava a potência de pensar da nossa mente.

Assim, um ferimento corporal, o qual reduz a potência de agir do corpo, tem o seu paralelo mental na dor, que reduz a nossa potência de pensar. A nossa vida emocional provém dessa estreita cumplicidade entre a mente e o corpo. A mente se esforça para imaginar aquelas coisas que fortalecem a potência do corpo, e para apagar as imagens de adversidade e fracasso (Parte 3, Proposições 12 e 13). Mas a influência é recíproca, e, quanto mais inadequado for o nosso entendimento, tanto mais o corpo e as causas externas que o afligem exercem o seu controle. Tornamo-nos passivos quando as nossas ideias seguem processos corporais dos quais temos somente uma compreensão parcial, e é a essa passividade que nos referimos quando falamos de servidão humana.

A posição de Espinosa tem por base dois poderosos *insights* da vida emocional. O primeiro é que as emoções derivam da nossa natureza como criaturas corporificadas, impelidas por forças que não compreendemos completamente. O segundo é que a emoção, apesar de tudo, é uma forma de pensamento, no qual se expressa uma maior ou menor atividade da mente. Corrupção emocional é também corrupção intelectual, e a pessoa que é levada por suas paixões é uma pessoa que tem um conhecimento defeituoso do mundo.

Por serem as emoções formas de pensamento, elas podem ser mudadas pela razão. Nós podemos argumentar com uma pessoa ciumenta e mostrar a ela que o seu ciúme é um erro, um exagero, ou que está fora do lugar. Além disso, nós podemos estudar as emoções em seu aspecto mental, e descobrir quais delas são boas para nós, e quais são más. Dentro desse contexto, "bom" significa "útil" (Parte 4, Definição 1), e são úteis para nós aquelas emoções que nos capacitam a nos desenvolvermos de acordo com a nossa natureza; em outras palavras, a aumentarmos a nossa potência. É óbvio, portanto, que todas as paixões, na medida em que são paixões, devem ser transcendidas pela obtenção de uma ideia mais adequada de seu objeto e de sua ligação conosco mesmos. Mas algumas emoções resistem a esse ato de transcendência: por exemplo o ódio, que deixa de ser ódio no momento em que ele é completamente compreendido (Parte 4, Proposição 46). O mesmo vale para todas aquelas emoções que envolvem uma diminuição da potência e da perfeição: todas elas são formas de tristeza, como a inveja, o ciúme, a luxúria, a raiva e o medo. Já as emoções que são formas de alegria envolvem a transição de uma disposição de ânimo mais passiva para uma mais ativa e, portanto, estão de acordo com a razão: por exemplo, o amor. (Espinosa define o amor, no apêndice da Parte 3, como "alegria acompanhada da ideia de uma causa exterior".) Assim, o amor não exige a mesma correção que o ódio. Mesmo assim, "o amor e o desejo podem ser excessivos" (Parte 4, Proposição 44), já que o correlato físico da alegria é o prazer; o amor pode se fixar neste prazer, privando, desse modo, o corpo de sua versatilidade e potência (Parte 4, Proposição 43). Mesmo em sua forma mais poderosa, as paixões, no entanto, não têm um poder sobre nós que seja maior que o poder da razão, uma vez que "a toda ação à qual somos compelidos por uma emoção que é uma paixão, nós podemos ser determinados pela razão, sem a tal emoção" (Parte 4, Proposição 59). É dessa maneira que Espinosa procura justificar o seu modo de vida preferido, no qual uma espécie de tranquilidade divina supera a turbulência da paixão, conforme a razão alinha o material desordenado da emoção com suas concepções mais adequadas.

Os detalhes da "geometria das paixões" de Espinosa estão além do nosso alcance. Mas o leitor irá perguntar, mesmo assim, por que alguma coisa dela deveria ser aceita. De um ponto de vista cético, as definições sagazes e as demonstrações escorregadias podem parecer que se movem facilmente demais até uma conclusão prévia, sem nos compelir a aceitá-la. Desde Platão, os filósofos defenderam a ascensão do mundo da paixão humana para o sereno reino da razão; sua moralidade, no entanto, vem demasiado a calhar; parece muito claramente destinada a justificar o estilo de vida por eles escolhido, deriva muito obviamente de seu distanciamento da vida que eles desprezam. E por que Espinosa seria mais persuasivo que os outros? Assim Nietzsche se referiu ao

> *hocus-pocus*[6] em forma matemática, com o qual Espinosa encouraçou e mascarou a sua filosofia – com efeito, o "amor pela *sua* sabedoria", para traduzir o termo honesta e retamente – e, assim, de um só golpe, encher de terror o coração do maçador que ouse lançar um olhar para aquela invencível donzela, Palas Atena...

E acrescentou: "quanto de timidez pessoal e vulnerabilidade não trai essa máscara de um recluso doente!" (*Além do bem e do mal*, 1, 5).

Tal censura deixa de ver aquilo que é o mais impressionante e original da visão de Espinosa. Ele não advoga a vitória da mente sobre o corpo e também não defende um modo de vida ascético. Espinosa acredita que a mente e o corpo são idênticos e que a saúde de um está inextricavelmente ligada à saúde do outro. Somos essencialmente criaturas corporificadas, desejadoras, esforçadas. Somos empurrados e feridos por coisas fora de nós e estamos trancados com elas dentro de um sistema de causa e efeito. Em tais circunstâncias, só existe uma única verdadeira sabedoria, que é a de aumentar a potência, procurando assegurar, na medida do possível, que as coisas que acontecem conosco também sejam produzidas por nós.

A filosofia consiste de pensamento. E, se Espinosa está certo, o pensamento não pode mudar diretamente o corpo, mas só a mente. Ao mesmo tempo, ao melhorar a mente, nós melhoramos o corpo. É uma verdade necessária que o conselho do filósofo precisa ser dirigido à mente do leitor, com vistas a ampliar a sua compreensão. Um filósofo é um pensador e não um ginasta. Somente se a ampliação da compreensão for um aumento da potência, o conselho do filósofo poderá ser útil. Se estivermos vendo as coisas corretamente, então, a

---

6 Fórmula mágica, palavras sem sentido (expressão corrente em alemão e inglês). (N. T.)

ascensão pela escada da razão, passando das percepções confusas às ideias adequadas, *só* pode ser um aumento da potência da mente. Na esfera mental, é nisto que consiste a potência: na completude do conhecimento. O conselho que Espinosa dá, portanto, é o único conselho que jamais pode ser dado por um filósofo. E o fardo de sua metafísica é mostrar que esse conselho se justifica.

O HOMEM LIVRE

Espinosa nos diz que somos, essencialmente, criaturas desejadoras e agentes; mas ele também afirma que "um desejo que surge da razão não pode ser excessivo" (Parte 4, Proposição 61). Portanto, enquanto conduzirmos as nossas vidas pelas regras da razão, estaremos vivendo de acordo com a nossa verdadeira natureza, alcançando a plenitude.

Ora, está na natureza da razão ver o mundo *sub specie aeternitatis*, isto é, sem referência ao tempo. A razão, portanto, não faz distinção entre passado, presente e futuro, e ela é afetada, muito ou pouco, tanto por coisas presentes quanto por coisas futuras ou passadas (Parte 4, Proposição 62). Somente se virmos o mundo *sup specie durationis* é que somos tentados a nos perder na busca de tentações presentes. Mas da duração e das coisas duráveis só podemos ter ideias inadequadas, de modo que, dando vazão à "vida no momento presente", perdemos de vista aquilo que fazemos, e nos tornamos instrumentos passivos de causas externas.

Aquele que vive pelos ditados da razão é o "homem livre", alguém que é mais ativo que passivo em tudo que o envolve. A ideia ilusória da vontade livre deriva de percepções inadequadas e confusas; a liberdade, entendida corretamente, no entanto, não é o estar livre da necessidade, mas sim a *consciência* da necessidade, a qual temos quando vemos o mundo *sub species aeternitatis* e vemos a nós mesmos como vinculados às suas leis imutáveis. O homem livre, no discurso elogioso de Espinosa, é um tipo altaneiro e alegre, com nenhum traço do pesar calvinista. Ele "em nada pensa menos que na morte, e a sua sabedoria é a meditação sobre a vida, não sobre a morte" (Parte 4, Proposição 67). Inabalável, ele procura o bem e evita o mal, é forte em superar perigos, e também em evitá-los, e é escrupulosamente honesto (Parte 4, Proposição 72). Mas ele não é sozinho, pois "um homem que é guiado pela razão é mais livre num Estado, onde vive de acordo com a decisão comum, do que na solidão, em que ele somente obedece a si mesmo" (Parte 4, Proposição 73). Esse pensamento Espinosa desenvolveu em maior detalhe nos seus escritos políticos. Embora ele tivesse uma visão cética das pessoas comuns e da sua habilidade de viver segundo os ditames da razão, ele reconheceu a necessidade de sua companhia. É verdade que "um homem livre que vive entre os ignorantes procura, o quanto puder, evitar os seus favores" (Parte 4, Proposição 70); mas, como acrescenta Espinosa, "embora os homens possam ser ignorantes, eles continuam sendo homens, que, em situações de necessidade, podem trazer ajuda humana, e não existe ajuda melhor que essa" (Parte 4, Proposição 70, escólio). E, embora "somente homens livres são muito gratos uns aos outros" (Parte 4, Proposição 71), os homens livres têm tanta necessidade de ordem política quanto os ignorantes, e, portanto, têm que viver de acordo com a lei a eles imposta pela "decisão comum".

Em seu *Tratado político*, Espinosa explica que "a verdadeira meta do governo é a liberdade". Por "liberdade" ele não entende nem a vontade livre (que metafisicamente é impossível) nem o tipo de liberdade discutida na Parte 4 da *Ética*. Ele se refere à habilidade das pessoas em cuidar de seus projetos em paz e de manter as opiniões e as ambições que a razão lhes dita, sem a interferência do Estado. A sua preocupação com a liberdade política surgiu de sua desconfiança em relação às pessoas comuns, que nunca se satisfazem com crenças, hábitos e ambições que não sejam seus. A arte do bom governo é fazer que tais pessoas aceitem um regime no qual o homem livre possa viver como lhe dita a sua consciência. Espinosa, às vezes, é louvado como um defensor da democracia. Seria melhor vê-lo como um defensor da constituição liberal, que procurava transferir aos cargos do governo a sabedoria que usualmente está ausente das cabeças daqueles que os ocupam. A política, para Espinosa, é a arte da sobrevivência no meio da ignorância.

A política entra na *Ética* só como menção. Mesmo assim, ela está muito presente na mente de Espinosa quando, em um longo apêndice da Parte 4, ele resume as suas conclusões morais. Os extratos a seguir vão transmitir algo do sabor de sua notável e firme homilia:

> Na vida ... é especialmente útil aperfeiçoar, na medida em que pudermos, o nosso intelecto ou razão, e é isto a suprema felicidade ou beatitude do homem – pois a beatitude nada mais é que o contentamento da mente que provém do conhecimento intuitivo de Deus.

> Nenhuma vida ... é racional sem entendimento, e as coisas são boas somente na medida em que ajudam o homem a gozar da vida da mente ... Mas aquelas coisas que impedem que o homem possa aperfeiçoar a razão e gozar da vida racional – somente essas nós dizemos que são más.

> Julgando desde uma perspectiva absoluta, é permitido a cada um, pelo direito mais elevado da natureza, fazer aquilo que julga ser vantajoso para ele.

> Nada é mais útil ao homem para conservar o seu ser e gozar da vida racional do que um homem que é conduzido pela razão.

> As mentes ... não são conquistadas pelas armas, mas pelo amor e pela generosidade.

> É especialmente útil aos homens formar associações e unirem-se pelos vínculos que melhor podem fazer deles um só povo, e de fazer absolutamente aquelas coisas que servem para fortalecer a amizade.

> Isso requer, porém, arte e vigilância, pois os homens são mutáveis – são poucos os que vivem de acordo com os preceitos da razão – e, em geral, são invejosos e mais inclinados à vingança que à compaixão. É preciso, por isso, uma singular potência da mente para lidar com cada um de acordo com a sua própria compreensão e para saber conter-se e guardar-se de imitar as emoções daqueles com quem temos que lidar.

Embora, via de regra, os homens sejam governados em tudo pela concupiscência, de sua sociedade comum resultam muito mais vantagens que desvantagens. Por isso, é preferível suportar as suas faltas com equanimidade e zelar por aquelas coisas que produzem harmonia e amizade.

O amor puramente sensual ... e absolutamente todo o amor que tenha outra causa que não a liberdade da mente passa facilmente ao ódio – a não ser (o que é pior) que ele seja uma espécie de loucura.

No acabrunhamento há uma falsa aparência de moralidade e religião. E, embora o acabrunhamento seja o contrário do orgulho, o homem acabrunhado está muito perto do orgulhoso.

Porque ... a vergonha é uma espécie de tristeza, ela não pertence ao exercício da razão.

Além dos homens, não conhecemos nenhuma coisa singular na natureza cuja mente nos possa alegrar e que nós possamos ligar a nós por amizade ... E assim, para tudo o que há na natureza, exceto os homens, o princípio de procurar a nossa própria vantagem não exige que nós a preservemos.

Sendo boas as coisas que ajudam as partes do corpo a desempenhar a sua função, e consistindo a alegria no fato de que a potência do homem ... é favorecida ou aumentada, todas as coisas que dão alegria são boas.

A superstição, por outro lado, parece afirmar que é bom aquilo que traz tristeza e que é mau o que traz alegria.

O poder humano é muito limitado e é infinitamente ultrapassado pelo poder das causas externas. Por conseguinte, nós não temos um poder absoluto para adaptar ao nosso uso as coisas que estão fora de nós. Mesmo assim, nós suportaremos com equanimidade todas as coisas que nos acontecem e que são contrárias à nossa vantagem, desde que tenhamos consciência de ter feito o que devíamos e de que o poder que possuímos não poderia ter sido estendido a fim de evitá-las, e de que nós fazemos parte do todo da natureza, cuja ordem nós seguimos. Se compreendermos isso de maneira clara e distinta, então aquela parte de nós que é definida pelo entendimento – a nossa melhor parte – estará plenamente satisfeita e esforçar-se-á por preservar essa satisfação. Porque, pelo que entendemos, não podemos querer nada senão aquilo que é necessário, nem absolutamente nos contentarmos com alguma coisa que não seja a verdade. Por conseguinte, na medida em que compreendemos essas coisas corretamente, o esforço da nossa melhor parte está de acordo com a ordem do todo da natureza.

A VIDA SUPERIOR

A quinta parte da *Ética*, com o subtítulo "Do poder do intelecto, ou da liberdade humana", dedica-se mais ou menos completamente a uma discussão sobre Deus e sobre a relação entre Deus e o homem. Espinosa já havia argumentado contra a concepção popular da liberdade, segundo a qual nós sempre escolhemos entre várias possibilidades abertas. A mera ideia de possibilidade provém da ignorância.

> Eu chamo ... coisas particulares de possíveis na medida em que, considerando as causas pelas quais elas têm de ser produzidas, nós não sabemos se elas são determinadas a produzi-las. (Parte 4, Definição 4)

Quanto mais nós sabemos da causalidade de nossas ações, tanto menos lugar nós temos para ideias de possibilidade e contingência. No entanto, o conhecimento da causalidade não cancela a crença na liberdade, mas a justifica. É a *ilusória* ideia de liberdade, surgida da imaginação, que cria a nossa servidão, pois nós acreditamos na contingência das coisas somente na medida em que a nossa mente é passiva. Quanto mais vemos as coisas como necessárias (por meio das ideias adequadas), tanto mais aumentamos o nosso poder sobre elas, e, assim, tanto mais somos livres (Parte 5, Proposição 6). Portanto, como vimos, o homem livre é consciente das necessidades que o compelem.

Assim, uma pessoa entende a si mesma e às suas emoções e também ama a Deus, "e tanto mais quanto mais ela entende a si e às suas emoções" (Parte 5, Proposição 15). Esse amor, o qual provém necessariamente da busca do conhecimento, é um amor intelectual (*amor intellectualis Dei*). Isso significa dizer que a mente está inteiramente ativa quando ama Deus e, portanto, constantemente se regojiza, mas sem paixão, no objeto de sua contemplação. Deus propriamente não pode experimentar nem paixão, nem alegria, nem tristeza (Parte 5, Proposição 17), por isso Ele está livre de emoção, como normalmente a entendemos. Ele não ama os bons e não odeia os maus: na verdade, Ele não ama nem odeia ninguém (Parte 5, Proposição 17, corolário). Assim, "aquele que ama a Deus não pode esforçar-se para que Deus o ame em troca disso" (Parte 5, Proposição 19). O amor a Deus é inteiramente desinteressado e "não pode ser poluído por nenhuma emoção de inveja ou ciúme,mas é tanto mais fortalecido quanto mais homens imaginamos estarem ligados a Deus por esse laço de amor" (Parte 5, Proposição 20). De fato, o amor intelectual dos homens[7] a Deus "é o mesmo amor com que Deus ama a si mesmo" (Parte 5, Proposição 36). No amor a Deus, nós participamos mais plenamente do intelecto divino e do amor universal e impessoal que lá reina, pois, embora Deus não possa corresponder ao nosso amor, Ele, mesmo assim, ama os homens, na medida em que Ele ama a si mesmo em e por meio dos homens. Esse amor eterno constitui a nossa "salvação, beatitude ou liberdade".

No decurso de sua discussão sobre a beatitude do homem, Espinosa fornece uma demonstração singular de nossa imortalidade, ou melhor, da proposição que "a mente humana não pode em absoluto ser destruída junto com o corpo humano, mas alguma coisa dela permanece que é eterna" (Parte 5, Proposição 23). A obscura prova disso baseia-se na visão de Espinosa de que, por meio de ideias adequadas, a mente pode ver o mundo *sub specie aeternitatis*, e, portanto, sem referência

---

7 Cf. *Encyclopaedia Britannica*, coleção Great Books of the Western World, 1952, v.31: *"...the more people we imagine to be..."*, e não como consta no texto de Scruton *"...the more we imagine men to be..."*. (N. T.)

ao tempo. A essência da mente consiste na capacidade de ter ideias adequadas. (Essência = *conatus* = atividade = adequação.) A temporização[8] dessa essência (colocada no mundo da duração) não pode ser explicada por ideias adequadas, uma vez que estas não contêm nenhuma referência temporal. Tais ideias recebem "duração" somente pela sua vinculação ao corpo mortal, e não de maneira intrínseca:

> Podemos dizer, portanto, que a nossa mente persiste, e que a sua existência pode ser definida, por um certo tempo, somente tendo-se em vista que isso envolva a existência atual do corpo, e isto somente na medida em que ele tenha o poder de determinar, pelo tempo, a existência das coisas e de as conceber na duração. (Parte 5, Proposição 23, escólio)

Não devemos pensar a eternidade como duração sem fim, uma vez que isso seria confundir eternidade com tempo. A eternidade que nós atingimos por meio do pensamento é como um escape do tempo para uma outra dimensão. A parte eterna em nós não persiste após a morte, mas somente porque ela não persiste na vida. É preciso uma visão, um ponto de vista, uma perspectiva fora do tempo e da mudança, na qual nós somos um só com Deus e somos redimidos pelo nosso conhecimento Dele. Esse estado abençoado não é "a recompensa da virtude, mas a própria virtude; e não gozamos dela porque refreamos as nossas concupiscências, mas, ao contrário, por gozarmos dela, somos capazes de refreá-las" (Parte 5, Proposição 42).

Essas últimas proposições da *Ética* são a resposta de Espinosa às religiões dos ignorantes, cuja visão de vida após a morte como recompensa ou punição pelo comportamento aqui embaixo é uma opinião "tão absurda que quase não vale a pena mencioná-la" (Parte 5, Proposição 41). Mesmo assim,

---

8 O autor usou "*instantiation*", verbete não encontrado nos dicionários pesquisados. (N. T.)

a verdade sobre a nossa relação com Deus é ao mesmo tempo difícil e árdua, e não é de surpreender que pessoas ignorantes sejam incapazes de descobri-la. Por conseguinte, assim como a virtude é a sua própria recompensa, a ignorância é a sua própria punição:

> não só o homem ignorante é atormentado de muitas maneiras pelas causas externas e incapaz de alguma vez possuir verdadeira paz de espírito, mas ele também vive como se não conhecesse nem a si mesmo, nem a Deus, nem às coisas; e, tão logo ele deixa de sofrer,[9] ele deixa de ser. Por outro lado, o homem sábio, na medida em que ele é considerado como tal, dificilmente tem o seu espírito atormentado, mas, sendo consciente de si mesmo e de Deus e das coisas, por uma certa necessidade eterna, ele nunca deixa de ser, mas possui sempre a verdadeira paz de espírito.
>
> Se o caminho que mostrei levar a essas coisas parece muito difícil agora, ainda assim pode ser encontrado. E com certeza aquilo que é encontrado tão raramente tem que ser difícil. Porque se a salvação estivesse à mão e pudesse ser encontrada sem grande esforço, como poderia ser negligenciada por quase todos? Mas todas as coisas excelentes são tão difíceis quanto raras.

Com essas famosas palavras Espinosa conclui a sua argumentação, legando à posteridade o que talvez seja o livro de filosofia mais enigmático jamais escrito.

---

9 Cf. *Encyclopaedia Britannica*, coleção Great Books of the Western World, 1952, v.31: no escólio da Proposição 42, Parte 5, último parágrafo consta *"...as soon as he ceases to suffer..."*. (N. T.)

CONCLUSÃO

Neste breve resumo, dediquei pouca atenção aos detalhes das demonstrações de Espinosa. Basta dizer que a sua validade foi incessantemente colocada em questão pelos críticos do filósofo, que o acusaram de torcer o argumento visando à conclusão desejada. Porém, quantos filósofos são inocentes dessa falta? Seria mais justo considerar as demonstrações quase geométricas de Espinosa como testemunhos de sua grande elasticidade e vigor de pensamento e de seu incomparável dom para ver conexões de longo alcance.

Com um mínimo de conceitos, a maioria dos quais tirados ou adaptados da filosofia medieval e cartesiana, Espinosa empreendeu algo que raramente foi tentado e que nunca foi conseguido de maneira tão ousada ou arrogante: ele delineou uma descrição de tudo o que existe, e um guia detalhado de como conviver com isso.

É aqui que devemos nos afastar um pouco da *Ética* e perguntarmo-nos o que isso significa para *nós*, que pensamos com outros conceitos, inseridos numa era mais cética. Aqui está, acredito, o que Espinosa tem a nos dizer:

O mundo físico é tudo o que existe, um sistema vinculado por leis que relacionam todas as partes entre si. Essas leis podem explicar o que observamos somente se o sistema como um todo tiver uma explicação, apenas se existir uma resposta para a pergunta: por que afinal existem as coisas? Mas a causa do mundo não pode existir fora dele, pois senão o elo entre o mundo e a sua causa seria ininteligível. Tampouco a causa pode estar dentro do mundo, porque ela ou é uma parte do mundo, e, portanto, incapaz de explicá-lo, ou ela é o mundo todo, caso em que o mundo é autoexplicativo [*self-explained*].

Em outras palavras, o mundo precisa ser "causa de si mesmo": a sua existência tem que resultar de sua natureza. Mas quando explicamos o mundo dessa maneira, nós não estamos comprometidos com a ciência comum. O cientista explica uma coisa na perspectiva de outra, simplesmente assumindo uma relação entre elas no tempo. Quando deduzimos a existência do mundo, no entanto, nós estamos lidando com relações de lógica, que se encontram fora do tempo e da mudança.

Podemos ver facilmente que isso tem que ser assim. Na natureza desse caso, nenhuma teoria científica poderia explicar por que o Universo passou a existir justamente quando isso ocorreu, pois antes daquele tempo não havia nada, e portanto nada em relação aos quais este "vir a existir" poderia ser explicado. A ciência, que liga eventos em cadeias temporais, fracassa quando não há um evento *anterior* àquele que precisa ser explicado. Somente se nos colocarmos fora da esfera temporal e virmos o mundo "sob um certo aspecto da eternidade", podemos ter esperança de resolver o mistério de suas origens.

Existem teorias cosmológicas que tentam evitar essa dificuldade, esposando a ideia de que não existe um primeiro momento, que o tempo é um sistema fechado, como um círculo, que constantemente retorna a qualquer momento dado. Se isso for assim, então nenhum momento tem mais direito de pretender ser o início que os outros. Mas mesmo se nós pudéssemos ver sentido nisso (e certamente não é óbvio que o possamos), continua sem resposta a pergunta crucial, ou seja, por que é que, afinal, uma ordem temporal dessas deveria existir?

Esse mistério é solucionado apenas se o sistema total for de tal modo que ele *tenha* que existir, pois somente então nós poderíamos ter um argumento lógico para a sua existência, um argumento que deduz a existência do sistema, sem referência ao tempo. Ele deve existir, argumenta Espinosa, porque não há nada que poderia negá-lo. O sistema total do mundo é autodependente e concebido por si mesmo.

Nada que encontramos pode tirar a sua existência, pois tudo o que encontramos é uma parte dele, e é explicado por meio dele.

A causa autodependente de todas as coisas é o que as pessoas chamam de Deus, e se essa descrição se aplica ao sistema total da realidade física, então é isso que Deus é. Mas isso não é tudo o que ele é, pois um aspecto crucial de nosso mundo é deixado fora da física: o aspecto da mente ou consciência. Quando o físico formula as leis de movimento do Universo, ele o faz na perspectiva de espaço, tempo, matéria e energia (ou "movimento e repouso", nas palavras de Espinosa). E ele reduz o mundo sem sobras a todas aquelas variáveis que tudo abrangem. Onde você e eu encontramos pensamento e sentimento, ele só encontra organismos com sistemas nervosos centrais; onde você e eu encontramos intenção, desejo e ação racional, ele encontra somente padrões complexos de estímulo e resposta, mediados por algum *software* de processamento de informações. Mas é só olharmos dentro de nós mesmos para descobrirmos que isso não é tudo o que existe, que o fato crucial da consciência, aquela estranha transparência que recobre o mundo, foi deixado fora na descrição do físico, pela simples razão que a descrição é, como deve ser, completa sem isso. Tudo o que é físico foi incluído em seu inventário, e nada mais resta.

Há, ainda, um outro aspecto nas coisas, e nós sabemos disso pela nossa própria experiência. Tudo o que o físico descreve como espacial e material pode ser redescrito como mental – não só você e eu, mas o mundo inteiro. Se fosse somente você e eu que pudéssemos ser descritos numa perspectiva mental, então a mente seria um mistério, pois não poderia haver nenhuma explicação *física* daquilo que nos distingue do resto da natureza (sendo a mente indizível na física), e tampouco nenhuma explicação *mental*. Se é que o mundo contém alguma coisa mental, então ela é completamente mental. E será que não sentimos, de tempos em tempos, que isso poderia ser assim, sentindo com Wordsworth, o sentimento de Ser em tudo

Sobre tudo o que se move e tudo o que parece calmo;
Sobre tudo isso, perdido além do alcance do pensamento
E do conhecimento humano, para o olho humano
Invisível, mas vivido no coração;
Sobre tudo o que salta e corre, e grita e canta,
Ou agita o ar contente; sobre tudo o que desliza
Por sob a onda, sim, na onda mesmo,
E na poderosa profundidade das águas ...

(*The Prelude*, Livro 1, 401-9)

E quando, algumas linhas depois, Wordsworth descreve a si mesmo dizendo "Com Deus e a Natureza comungando", nós precisamos somente trocar "e" por "ou", para que o pensamento seja o de Espinosa.

Se vemos, entretanto, o mundo desse jeito, e não há outra visão que seja verdadeira tanto para a ciência quanto para o nosso conhecimento de nós mesmos, então não podemos esperar que sejamos libertados das leis naturais, ou nos colocar à parte da cadeia da causalidade. Se somos livres, deve ser num outro sentido, num sentido mais elevado que o proclamado nas velhas religiões. A liberdade só pode residir num *ponto de vista*, numa maneira de ver o sistema da necessidade. E será que, em nossos momentos de introspecção, não estamos todos familiarizados com o que isso significa? Certamente, essa é uma liberdade que podemos alcançar: não a de sermos libertados da realidade física, mas a de *entendermos* a realidade e a nós mesmos como parte dela e, assim, sermos reconciliados com aquilo que somos. Esse trabalho de reconciliação é a verdadeira religião, e é o que devemos a nós mesmos e a Deus de quem o nosso ser flui.

Se isso é assim, no entanto, Espinosa está certo em pensar que nós devemos nos esforçar para ver o mundo sob o aspecto da eternidade. Não existe nenhuma outra libertação da cadeia da causalidade do que o tipo de pensamento que olha, para além da causalidade, para o significado e o padrão do todo. E quando descobrimos esse padrão, as coisas mudam para nós, assim como muda a paisagem quando o pintor elicia a sua forma, ou os sons mudam quando eles são combinados entre si em forma de música. Então, uma espécie de personalidade brilha mediante o esquema das coisas. Encontramo-nos face a face com Deus, no fato mesmo de sua criação.

Se a religião deve ser reconciliada com a ciência, isso só pode ocorrer à maneira de Espinosa. Ele está certo ao acreditar que a majestade de Deus é diminuída pela ideia de que as coisas poderiam ter sido de outra maneira. A crença em milagres não honra a Deus, pois que necessidade tem Deus de intervir em eventos que Ele originou? As leis do Universo precisam ser universalmente obrigatórias para que nós as possamos entender, e a inteligibilidade do Universo é a premissa da qual parte toda a ciência e toda a religião.

Tampouco devemos menoscabar a visão moral de Espinosa, por mais remota que ela possa parecer em nossa era de indulgência sensual. Espinosa está certo em acreditar que a verdade é o nosso único critério, e que viver por outros critérios é render-se às circunstâncias. Em todo o ser racional está implantada a capacidade de distinguir o verdadeiro do falso, de pesar as evidências e de enfrentar o nosso mundo sem ilusões. É nessa capacidade que reside a nossa dignidade, e ao comprometermo-nos com a verdade, nós nos afastamos de nossas preocupações imediatas e vemos o mundo como ele deve ser visto: sob o aspecto da eternidade. A verdade não pode ser uma questão de moda, mesmo que ela frequentemente ofenda. Tomar a verdade como nosso guia é ponderar, com cético descrédito, sobre o tempo e todos os seus servos favoritos.

A nossa era é mais dominada pela teoria científica do que a de Espinosa; mas somente uma crédula ilusão nos persuade de que ela é mais guiada pela verdade. Nós vimos a superstição triunfar em uma escala que teria consternado Espinosa, o que foi possível somente porque a superstição se encapotou no manto da ciência. Se as heresias de nossos tempos, como o nazismo e o comunismo, são os inimigos declarados da religião, isso meramente confirma, para o estudioso de Espinosa, o seu caráter supersticioso, e confirma, ainda, o *insight* de Espinosa de que a objetividade científica e o respeito pelo divino são formas de liberdade intelectual. Espinosa, assim como Pascal, viu que a nova ciência inevitavelmente "desencanta" o mundo. Tomando a verdade como o nosso critério, desentocamos de seus antigos domicílios o miraculoso, o sagrado e o santo. O perigo, no entanto, não é o fato de seguirmos esse critério – pois não temos outro –, mas o de só o seguirmos até o ponto em que perdemos a nossa fé, e não longe o suficiente para que a recuperemos. Livramos o mundo de superstições úteis, sem que o vejamos como um todo. Oprimidos pela sua falta de significado, nós então sucumbimos a ilusões novas e menos úteis, superstições nascidas do desencantamento, que são tão mais perigosas por tomar o homem, e não Deus, como o seu objeto.

O remédio, conforme nos lembra Espinosa, não é retroceder para a visão do mundo pré-científico, mas o de seguir mais além no caminho do desencantamento. Perdendo tanto as velhas quanto as novas superstições, descobrimos finalmente um significado na verdade em si. Pelo mesmo pensamento que desencanta o mundo, chegamos a um novo encantamento, reconhecendo Deus em tudo, e amando as suas obras no ato mesmo em que as conhecemos.

SOBRE O LIVRO

Coleção: Grandes Filósofos
Formato: 11 x 18 cm
Mancha: 20 x 38,2 paicas
Tipologia: IowanOldSt Bt 9/12
Papel: Pólen 80 g/m² (miolo)
Cartão Supremo 250 g/m² (capa)
1ª edição: 2000

EQUIPE DE REALIZAÇÃO

Produção Gráfica
Edson Francisco dos Santos (Assistente)

Edição de Texto
Fábio Gonçalves (Assistente Editorial)
Solange Scattolini Felix (Preparação de Original)
Tereza Maria Lourenço Pereira e
Nelson Luís Barbosa (Revisão)
Kalima Editores (Atualização ortográfica)

Editoração Eletrônica
Lourdes Guacira da Silva Simonelli (Supervisão)
Luís Carlos Gomes (Diagramação)

MUNDIALGRÁFICA
www.mundialgrafica.com.br